AF347157

MAXIMILIEN ROBESPIERRE,

OU

LA FRANCE SAUVÉE,

DRAME

En Trois Actes et en Prose;

PAR J. D. MARTINE, CITOYEN DE GENÈVE.

1795.

DÉDICACE

A LA
CONVENTION NATIONALE.

REPRESENTANS DU PEUPLE FRANÇAIS!

CITOYEN d'une Ville renommée par son amour pour la liberté ; Compatriote de l'illustre Ecrivain qui a préparé l'affranchissement de la Nation Française ; Tels sont les titres qui m'engagent à vous offrir cet

hommage de mes faibles talens.
La Révolution du 9 Thermidor, en mettant à l'ordre du jour
l'humanité & la justice, a sauvé
la France, peut-être l'Europe
entière. Continuez vos glorieux
travaux, CITOYENS LÉGIS-
LATEURS; leur prix est dans
votre cœur, dans la reconnaissance de vos Contemporains, &
l'admiration de la Postérité!

PRÉFACE.

JE ne chercherai point à prouver la beauté d'un sujet (1) fait pour intéresser, non-seulement tous les Français qui aiment leur patrie, mais encore tous les amis de l'humanité ; ce serait faire injure à mes Lecteurs : Je me bornerai à leur présenter quelques observations sur la manière dont j'ai cru devoir le traiter.

Robespierre lut son discours à la

------

(1) *L'Histoire* (est-il dit dans un Rapport fait au nom du Comité d'Instruction publique à la séance du 14 Fructidor dernier) *n'offre aucun sujet qui égale celui de la dernière conspiration anéantie ; on y trouve jusqu'à l'unité de tems.*

Convention le 8 Thermidor, il fut décrété d'arrestation le 9, & guillotiné le
10 : J'ai rapproché ces événemens ; un
Drame n'est pas une Gazette. Le mien
commence dans la matinée du 9 Thermidor, & finit le 10 au lever du Soleil.
Les faits qu'il expose sont tirés des pa-
piers publics ; la seule fiction (1) que
je me sois permise est l'épisode de
Charlotte Neuilly. (2) On y trouve

---

(1) Indépendamment des entretiens particuliers
qui composent le premier Acte.

(2) Le 10 Thermidor Bérard, au nom du Comité de Législation, fit un rapport sur la pétition
de l'épouse de Giquet, concierge de la maison
de Détention de Pontoise, par laquelle elle ré-
clamait contre un jugement à mort rendu contre
son mari, prévenu d'avoir contribué à l'évasion
d'un prisonnier. Ce fait m'a donné l'idée d'un
épisode très analogue aux passions de Robespierre,
comme on peut en juger par les passages suivans,
insérés dans le Moniteur : *L'hypocrite Hanriot, à*
l'exemple de son maître, se vautrait journellement
dans les plus sales débauches.... Robespierre don-
nait des sommes à ses nombreuses concubines ; ces
satyres avaient des lieux de plaisance où ils s'aban-
donnaient à tous les excès.

des discours prononcés à la Convention , & placés assez ordinairement dans
la bouche même de leurs auteurs. En
élaguer une partie ; supprimer des dé-
tails peu propres au Théâtre ; faire disparaître les incorrections inséparables
des morceaux improvisés ; donner , en
un mot , une forme dramatique à l'heureuse Révolution que je voulais peindre ;
Tel a été mon but : c'est au Lecteur à
juger si j'ai réussi.

PERSONNAGES.

MAXIMILIEN ROBESPIERRE , Représentant
du Peuple ; aspirant à la Dictature.

ROBESPIERRE le jeune ,
COUTHON ,
SAINT - JUST ,
LEBAS ,
} Représentans du Peuple,
& complices de Maxi-
milien Robespierre.

TALLIEN , (1)
FRÉRON ,
MERLIN DE THIONVILLE ,
BARÉRE ,
COLLOT-D'HERBOIS , (2)
BILLAUD-VARENNES ,
BARRAS , (3)
} Représentans du
Peuple.

HANRIOT , chef de la Force armée de Paris.
Un Secrétaire de la Convention Nationale.
Un Gendarme de la Convention Nationale.
CHARLOTTE NEUILLY , femme du Concierge
de la maison de Détention de Pontoise.
Les Membres de la Convention Nationale.
Les Citoyens & Citoyennes des Tribunes.
Citoyens armés de la Section d'Hanriot.
Une Députation du Département de Paris.
Une Députation de la Section de Mucius Scevola.

La Scène est à Paris , dans le Palais National.

---

(1) Président de la Convention Nationale pendant le
troisième Acte.

(2) Président de la Convention Nationale pendant le
second Acte.

(3) Chef de la Force publique au troisième Acte.

MAXIMILIEN ROBESPIERRE

OU

LA FRANCE SAUVÉE.

DRAME.

ACTE PREMIER.

(Le théâtre représente une des salles du Palais National.)

SCENE PREMIERE.

MAXIMILIEN ROBESPIERRE *seul.*

Il est enfin arrivé, ce jour qui doit me faire parvenir au but que je brûle d'atteindre !.... *(après quelques instans de réflexion.)* Ah, Robespierre, quel exemple frappant des jeux du sort offre ta vie ! Avocat d'une ville de Province, tu arrives à Paris sans être précédé par ta réputation, & tu vas être proclamé Dictateur d'un Peuple arbitre des destinées de l'Europe !.....

La plupart des Fondateurs de la République ne sont plus, & moi, spectateur immobile de la révolution du 10 Août, j'en recueille tous les fruits : Roland, Péthion, Condorcet, Brissot, vous n'avez travaillé que pour moi sans vous en douter ; c'est vous qui m'avez applani la route du souverain pouvoir. Pour établir mon autorité sur une base inébranlable, la mort de ceux qui pourraient essayer de la détruire est absolument nécessaire ; Couthon, Saint-Just, Hanriot, Lebas & mon frère serviront à cet égard mes désirs..... Saint-Just est orgueilleux, dissimulé, capable de tout pour assouvir son ambition ; Couthon couvre sa férocité du voile de la douceur ; mais trop au-dessus d'eux pour les craindre, je saurai les écarter quand ils ne me seront plus utiles. Cette salle du Palais National est le lieu où ils doivent se rendre pour conférer avec moi sur les événemens que la journée doit voir éclore.... Mon frere que j'entends m'annonce qu'ils ne tarderont pas à paraître.

S C E N E II.

MAXIMILIEN ROBESPIERRE, ROBESPIERRE *le jeune.*

MAXIMILIEN ROBESPIERRE.

Hé bien, mon frère, la séance des Jacobins a-t-elle répondu à mes espérances ?

ROBESPIERRE *le jeune.*

Tout s'y est passé conformément à tes souhaits. Couthon a obtenu l'expulsion des Députés que tu veux proscrire; il a dénoncé l'oppression des patriotes, l'indulgence pour les conspirateurs, & la Société est entiérement soumise à ton influence.

MAXIMILIEN ROBESPIERRE.

Qu'il me tarde de voir couler le sang des audacieux qui voulant rivaliser avec moi de pouvoir n'ont pas craint de s'opposer à mes volontés dans le Comité de Salut public que j'avais jusqu'alors dominé sans obstacle! En refusant de consentir au trépas des Individus que j'avais désignés, ils ont prononcé l'arrêt du leur. La chûte d'Hébert, de Danton, & de tous ceux qui ont essayé de lutter contre ma puissance ne leur annonçait-elle pas le sort auquel les exposait une semblable conduite? Faire un exemple terrible de quiconque osera me résister est le seul moyen de conserver mon autorité. J'ai fait incarcérer hier Lafont de Toulouse, qui était venu à Paris pour dénoncer un gain considérable que tu as fait, dit-il, à l'armée d'Italie aux dépens de la République. Ardent à récompenser les services, l'on ne me verra jamais négliger les intérêts de ceux qui me sont attachés par le sang ou par l'amitié.

ROBESPIERRE *le jeune.*

Tes amis, je le sais bien, doivent compter

sur toi comme tu dois compter sur eux ; tu ne peux avoir aucun doute sur leur dévouement.... Cependant, te l'avouerai-je ? Je ne vois pas sans une espèce de crainte les événemens qui se préparent en cette journée. Le système de terreur commence à devenir odieux : le peuple doit être las de tant d'orages, & l'idée d'une nouvelle révolution l'alarmera peut-être. Si nos armées éprouvaient des revers, le mécontentement général déciderait l'insurrection ; mais par-tout victorieuses, leurs pas sont chaque jour marqués par de nouveaux triomphes. Il ne faut pas tarder à agir pour l'exécution de tes projets ; un retard la rendrait toujours plus difficile, & peut-être l'avons-nous déjà trop différée : mais ne nous dissimulons pas ses dangers.

MAXIMILIEN ROBESPIERRE.

Eh, quel homme dans ma position peut se flatter d'en être exempt ? Quiconque aspire à la toute puissance doit braver la mort. Si mes ennemis sont vainqueurs, je saurai me soustraire à leur vengeance ; jamais Robespierre vivant ne sera en leur pouvoir. J'ai vu sans doute avec peine les triomphes multipliés des armées ; la lenteur des opérations militaires aurait vraisemblablement produit une fermentation favorable à mes desseins : mais le discours que je prononcerai aujourd'hui à la Convention fera pour moi ce que n'ont pu faire les événemens.

Je connais les hommes ; j'ai su leur en imposer, je saurai leur en imposer encore. En présentant un tableau sinistre de la position actuelle de l'Etat , je prépare la révolution qui fera tomber l'autorité suprême entre mes mains , & les Puissances qui ne peuvent plus espérer de nous conquérir me reconnaîtront avec empressement pour Dictateur : que leur importe qui de Louis XVII ou de Maximilien I règne en France ? Fixe un instant tes regards sur la sagesse de ma conduite. Imitateur de Cromwel qui sous la dénomination de Protecteur usurpa un pouvoir plus absolu que celui de Charles I , plus adroit que César , je n'ai jamais aspiré au titre de Roi. Vivant dans un siecle trop éclairé pour employer avec succès l'arme de la superstition si habillement maniée par Cromwel , j'ai su , par d'autres moyens , fasciner les yeux du vulgaire. Gendre d'un artisan dont je partage la demeure , les circonstances n'ont point changé ma manière de vivre ; ennemi du luxe & du faste , j'ai toujours soigneusement évité ce qui pouvait blesser le peuple & m'en faire suspecter. En paraissant agir constamment pour le bien de la patrie , en ne recherchant point les places lucratives , je me suis acquis une réputation de vertu sous le voile de laquelle je me livre à toutes mes passions, & la chûte des Hébertistes a fait presque oublier mes cruautés. J'ai le premier arrêté la révolution dans son torrent , & par l'anéantissement d'une faction qui, contraire à mes projets & à toutes les opinions reçues, tendait à former un peuple d'athées, d'assassins & de brigands, j'ai servi en même tems la France & moi-même. J'ai concentré dans le Comité de Salut public la puissance de la Convention, afin de m'en saisir plus facilement ; des agens nombreux ont été envoyés dans les Départemens pour seconder mes vues ; Payan a fait des circulaires dans le même but. La Municipalité, composée par moi est un point d'appui sur lequel je fonde, avec raison, mes espérances, & le chef de la force armée m'est entièrement dévoué. Jusqu'ici j'ai su me délivrer de mes adversaires, soit par des conspirations supposées, soit par des missions propres à les rendre odieux ; me sera-t-il plus difficile de détruire ceux qui me portent encore ombrage?

ROBESPIERRE *le jeune.*

Tu viens de dissiper mes inquiétudes, & quoiqu'il puisse arriver, tes amis ne se montreront jamais indignes de l'être ; ils t'élèveront à la dictature, ou périront avec toi... Les objets intéressans dont nous nous sommes entretenus m'ont empêché jusqu'à ce moment de te parler de la femme du Geolier des prisons de Pontoise, qui vient implorer ta toute puissance pour sauver son époux qu'elle dit innocent. Elle attend près de ces lieux un instant favorable pour

son audience, & sa beauté te disposera sûre-
ment en sa faveur.

MAXIMILIEN ROBESPIERRE.
Quand Saint-Just, Lebas, Hanriot & Couthon seront sortis, je pourrai l'entendre.

ROBESPIERRE *le jeune.*
Ils viennent.

SCENE III.

MAXIMILIEN ROBESPIERRE, ROBESPIERRE *le jeune*, SAINT-JUST, COUTHON, LEBAS, HANRIOT.

MAXIMILIEN ROBESPIERRE.
Hé bien, chers amis, tout est-il disposé pour le succès de mon entreprise ? Cette journée fera-t-elle de Robespierre un Dictateur ?

SAINT-JUST.
Nous avons tout lieu de l'espérer. Je pro-
noncerai un discours qui coïncidera avec le tien pour perdre tes ennemis, & Couthon (1) garan-
tira la réalité des complots que je leur attribue. Si la Convention ose te résister, la Municipalité se répandra dans les assemblées du peuple pour le séduire ; Hanriot parcourra les diffé-

---

(1) *Il montre Couthon en le nommant.*

rens quartiers en criant aux armes , & nos affi-
dés dans les Jacobins , favorisés par le désor-
dre général , te délivreront des proscrits dont
les cadavres sanglans te serviront de degrés pour
arriver au souverain pouvoir ; Tallien , Fréron,
Billaud, Collot & Barère seront tes premières
victimes.

COUTHON.

Leur trépas est absolument nécessaire pour
prévenir le nôtre ; on ne sauroit le différer
davantage sans danger.

MAXIMILIEN ROBESPIERRE *à Hanriot.*

Puis-je compter, Hanriot, sur la force armée ?

HANRIOT.

Je te réponds d'elle sur ma tête , & puis te
garantir le succès du mouvement. Les Sections
se rallieront à ma voix, & ton triomphe ne
manquera pas d'être répété dans les Départemens , accoutumés depuis longs-tems à suivre
l'exemple de Paris.

MAXIMILIEN ROBESPIERRE.

Chers amis, vous aurez partagé mes périls :
il est juste que vous ayez part à ma puissance.
Saint-Just dirigera les armées du Nord & du
Rhin, Couthon celle des Pyrénées , & mon frère
celle des Alpes. Je réserve à tous ceux qui m'au-
ront servi des places propres à satisfaire leur
ambition ; (*en désignant Lebas avec affection*)
mon cher Lebas ne sera pas oublié. Il n'est

pas

pas sans doute besoin de vous en dire davantage, & je crois pouvoir compter sur votre
dévouement.

L E B A S.

En douter, serait nous faire injure.

M A X I M I L I E N R O B E S P I E R R E.

Salut, Citoyens...... Guerre à mort à nos
adversaires, voilà notre devise; c'est à elle que
j'ai dû & devrai encore tous mes succès.

(*Tous sortent de la scène à l'exception de
Maximilien Robespierre*).

S C E N E I V.

MAXIMILIEN ROBESPIERRE, CHARLOTTE NEUILLY, *qui entre quelques instans après la sortie de ceux qui ont paru à la troisième scène.*

R O B E S P I E R R E.

APPROCHE sans crainte.... Quelle raison t'amène
auprès de moi?

C H A R L O T T E N E U I L L Y.

O Robespierre!...la femme d'un Citoyen
condamné injustement à la mort vient implorer
ton appui.... Tu peux sauver mon mari, je
le sais; que je te doive sa vie & celle de deux
fils en bas âge : notre existence est attachée à
la conservation des jours de Neuilly, dont je

te garantis l'innocence. Accusé d'avoir fait sortir des prisons de Pontoise un homme qui y était détenu, il est sur une inculpation sans preuves destiné au supplice des criminels. Animée par le sentiment qui m'unit à l'époux que je chéris, j'ai couru à la poursuite du fugitif, & suis parvenue à le faire reconduire dans sa prison. Cet acte ne mériterait-il pas la grace de Neuilly, quand même il serait coupable ?

ROBESPIERRE.

Il te fait sans doute honneur, mais ne sert point à justifier ton mari qui mérite la mort pour n'avoir pas empêché la fuite d'un homme dont la garde était confiée à sa vigilance. La justice est inflexible, sévère : elle n'admet aucune réclamation. Lors même que j'aurais le pouvoir de dérober Neuilly au supplice, la rigidité de mes principes ne me le permettrait pas.

CHARLOTTE NEUILLY.

Ah ! la justice serait-elle incompatible avec l'humanité ?... Bien loin de la blesser, tu lui rends hommage en faisant annuler un jugement illégalement prononcé; la procédure te le prouvera, si tu veux avoir la bonté d'y jeter les yeux. (*Elle veut remettre à Robespierre un papier*).

ROBESPIERRE.

Je n'ai pas besoin de lire ton papier; les Juges du Tribunal ne peuvent être injustes, ils me sont tous connus... (*Il la considère pendant quelque tems avec plaisir*). Cependant j'entrevois un moyen de sauver ton mari.

CHARLOTTE NEUILLY *transportée de joye.*

Ah, Dieu! tu as eu pitié de mes larmes, tu m'as inspirée en me conduisant auprès du vertueux Robespierre!... ô mon bienfaiteur, que j'embrasse tes genoux!....(*Elle se jette aux pieds de Robespierre*).

ROBESPIERRE *lui tendant la main.*

Lève - toi...... Tu parais aimer beaucoup Neuilly?

CHARLOTTE NEUILLY.

Attachés l'un à l'autre avant le mariage par la plus tendre inclination, jamais union ne fut plus heureuse que la nôtre.

ROBESPIERRE.

Ne s'élève-t-il jamais d'altercations entre vous?

CHARLOTTE NEUILLY.

Si nous nous disputons quelquefois, c'est pour décider lequel des deux chérit davantage l'autre.

ROBESPIERRE.

Neuilly pourvoit à tes besoins, à ceux de tes enfans : ne serait-ce pas la principale cause de ton attachement pour lui?

CHARLOTTE NEUILLY *avec force.*

Des motifs d'intérêt peuvent-ils entrer dans des sentimens aussi purs?

ROBESPIERRE.

Rien ne te coûterait donc pour arracher ton époux à la mort?

CHARLOTTE NEUILLY *de même.*

Je m'estimerais heureuse de perdre la vie, si je pouvais à ce prix sauver la sienne.

ROBESPIERRE.

Elle ne dépend que de toi; mais il faut auparavant me jurer par tout ce qu'il y a de plus sacré.... Tu crois à un Etre Suprême?

CHARLOTTE NEUILLY.

Quel cœur honnête peut douter de son existence? Ah! Robespierre, avec quel ravissement n'avons-nous pas lu mon mari & moi les discours éloquens que tu as composés sur ce sujet!

ROBESPIERRE.

Hé bien, jure par cet Etre Suprême de ne jamais révéler ce que je vais te dire: j'ai besoin de ce préalable pour t'accorder ta demande.

CHARLOTTE NEUILLY.

Je le jure. Que le Dieu qui me voit & m'entend me rende à jamais malheureuse, si je manque à mon serment!

ROBESPIERRE *après avoir fixé quelques momens ses regards sur elle.*

Réponds à mon amour, à mes désirs..... C'est la condition que je mets à la grace de ton mari.

CHARLOTTE NEUILLY *avec étonnement &
indignation.*

Comment...ai-je bien entendu!.... C'est
l'incorruptible Robespierre qui me tient un pareil
langage!... Le crime emprunte donc quelquefois le masque de la vertu!.... quoi, pour
sauver mon époux tu exiges la perte de mon
honneur?..Pourrais-je sans horreur me retrou-
ver dans ses bras, après avoir violé la foi
que je lui ai solemnellement jurée?

ROBESPIERRE.

Il n'y a point de milieu : ou le parti que
je te propose, ou sa mort.

CHARLOTTE NEUILLY.

Ciel, quel horrible état!.... ô angoisses;
tourmens cruels!..combats pénibles & déchi-
rans!..J'arracherais mon époux au trépas....
Mais, non.....lui-même rougirait de devoir
ses jours au prix qui y est attaché; l'honneur
lui est plus cher que la vie..... (*tombant aux
pieds de Robefpierre*). Ah! Robespierre, lais-
se-toi fléchir.......que ce ne soit pas à une
passion criminelle, mais à ta justice, à ton
humanité que je doive le salut de mon mari....
Si je pouvais t'amener mes enfans!...Ces créatures innocentes te toucheraient sans doute....
Permets-moi de te les faire voir.

ROBESPIERRE.

Non, non! que je n'entende plus parler de

toi ! Mon tems est trop précieux pour en perdre davantage, & si la force du serment n'est
pas suffisante pour t'imposer silence, tes enfans
seront sur le champ massacrés avec leur père ;
leur vie est attachée à ta discrétion.

CHARLOTTE NEUILLY *avec énergie & indignation.*

Homme astucieux & féroce, crois-tu m'intimider par tes menaces ? Apprends, scélérat qui
te joues de l'Etre Suprême, que mon serment,
plus fort que toutes les considérations humaines,
me fera garder le secret sur ton indigne pro-
position.... Combien je rougis d'avoir pu des-
cendre jusqu'à la prière auprès de toi ! Mon
mari est innocent ; il ira à l'échafaud avec courage & fermeté. Je ne lui survivrai point, mais
la Nation Française, aussi généreuse que tu l'es
peu, prendra pitié de mes pauvres enfans : je
les confierai à ses bontés.... Pour toi, monstre, tremble ! ton triomphe ne sera pas éternel !..
Il existe encore des Citoyens énergiques & vertueux qui, mettant au jour ton affreux caractère, te feront subir la peine due à tes crimes...
Tu reconnaîtras aux approches de la mort l'existence de cet Etre Suprême profané sans cesse
par ta bouche impure ; mais privé des conso-
lations réservées aux seuls gens de bien tu mour-
ras dans la rage & le désespoir, & ton nom
immortalisé par tes forfaits ne sera cité dans
l'histoire que pour désigner le plus infâme
tyran (1) ! (*Elle sort*).

____

(1) *Cette tirade doit être débitée avec force & rapidité.*

S C E N E V.

MAXIMILIEN ROBESPIERRE *seul.*

(Après quelques instans de silence).

LES discours de cette femme ont fait sur mon ame une impression sinistre dont je ne puis me défendre. ... (*se reprenant*), Ah ! Robespierre , reviens à toi-même... Rougis de ta faiblesse , & méprises des propos extravagans qui n'auraient jamais dû t'affecter... (*avec le plus grand étonnement*). Ciel, Tallien !... (*Il veut sortir*).

S C E N E V I.

TALLIEN, MAXIMILIEN ROBESPIERRE.

TALLIEN *à Robespierre en l'arrêtant.*

ARRÉTE, Robespierre. ... Je ne croyais pas te voir en ce lieu ; mais puisque le hasard nous y fait rencontrer, je vais m'expliquer avec toi. Tu as proscrit ma tête & celle de plusieurs Députés dont tu redoutes le crédit ; ta barbarie s'étendant jusques sur des femmes, tu en dévoues une à la mort parce qu'elle n'a pas voulu me dénoncer. Ah ! j'en atteste le ciel , elle ne sera point victime de sa générosité & de son atta=

chement pour moi ! Uni à sa destinée, j'entreprendrai tout pour défendre ses jours.

ROBESPIERRE.

Penses-tu m'intimider en me parlant ainsi ? C'est au peuple seul que j'ai à rendre compte de ma conduite, sans cesse dirigée vers son bonheur. Ne flattant ni ne redoutant personne, je n'ai jamais fait que mon devoir & laisse aux autres le soin de remplir le leur.

TALLIEN.

Si l'amour de la patrie était en effet le mobile de tes actions, la couvrirais-tu journellement de sang & de cadavres ? Est-ce pour la rendre heureuse que tu as créé cet exécrable terrorisme, préconisé par le monstre féroce dont la Nation ne tardera pas à briser l'idole, quoiqu'elle l'encense encore aujourd'hui ?

ROBESPIERRE.

Les ennemis du peuple peuvent seuls élever la voix contre lui. La République était perdue si l'on eut écouté une coupable indulgence.

TALLIEN.

La terreur peut être nécessaire au commencement d'une révolution ; mais les moyens qui ont servi à établir la liberté doivent-ils être employés pour la conserver ?... Robespierre, épargne à la France une nouvelle secousse ; substitue la clémence à la cruauté, renonce à servir tes haines personnelles.... J'abjure les miennes

si tu consens à sauver ton pays .... son sort
est entre tes mains.

ROBESPIERRE.

Inflexible pour mes amis mêmes, mes principes ne sauraient changer.... Adieu, tu as
voulu me corrompre, j'espère que tu n'oseras
plus le tenter.   (*Il sort*).

SCENE VII.

TALLIEN *seul.*

SANGUINAIRE tyran, ai-je dû croire que je
pourrais te fléchir?... Mon trépas est assuré si
j'échoue dans une entreprise dont je ne me suis
point dissimulé les périls; mais peut-on le craindre quand il s'agit d'une épouse & d'une patrie?..
Eloquens & intrépides amis de la liberté, Merlin,
Fréron, vous concourrez sans doute avec moi
pour la rétablir!

SCENE VIII.

TALLIEN, FRÉRON, MERLIN DE THIONVILLE.

TALLIEN.

CITOYENS, je vous attendais avec impatience;
votre nom était sur mes lèvres quand vous êtes

entrés.... J'ai trouvé Robespierre dans ce même lieu où vous étiez invités à vous rendre pour examiner avec moi les moyens de sauver l'Etat ; le monstre s'est montré sourd aux tentatives que le patriotisme m'a suggérées , & s'il ne tombe sous nos coups , c'en est fait de la liberté. Pour vous déterminer à en affranchir la patrie , serait-il nécessaire de vous dire qu'il a formé une nouvelle liste de proscriptions dont son frère a eu l'audace de soutenir la nécessité dans la dernière séance des Jacobins ? Serait-il nécessaire de vous montrer le couteau fatal suspendu sur notre tête , & de rappeler à votre souvenir les propos répétés depuis quelques jours au sein même de la Convention par les créatures du tyran ? Non, des motifs étrangers à la belle cause que nous allons défendre ne sauraient nous faire agir ; c'est la Nation que nous voulons sauver, c'est elle que nous aurons en vue dans notre conduite. Ne nous le dissimulons pas, Citoyens : une révolution faite dans son principe pour le bien de l'humanité n'a causé que des maux depuis le règne affreux de la terreur. Les passions les plus hideuses ont emprunté le voile du patriotisme ; les ambitieux ont voulu régner par la séduction ou par l'effroi. Plusieurs ont déjà péri , mais le plus dangereux existe encore. Une soif insatiable de domination forme la base de son caractere ; l'hypocrisie & la cruauté sont ses attributs distinctifs. Il a voulu profiter d'anciennes divisions entre les Députés pour vendre à la haine des uns la vie des autres ; il a plus d'une fois organisé l'assassinat de ceux qui pouvaient mettre obstacle à ses desseins. Ses peintures exagérées des calamités publiques lui ont fait attribuer une imagination très-ardente ; mais il ne croyait point à l'existence des complots dont il parlait : Son but était d'entretenir la défiance entre les Citoyens, de les accoûtumer à ne voir que des ennemis dans tous ceux qu'il pouvait lui-même redouter, & de se faire regarder comme le seul ami du peuple dont le nom était perpétuellement dans sa bouche, mais qu'il agitait & déchirait sans cesse. Parlant à chaque instant de religion & de vertu, il a pour elles le plus grand mépris ; célébrant avec un faux enthousiasme les avantages de la liberté, il regarde comme criminels ceux qui osent penser autrement que lui ; avocat hypocrite de l'égalité, il dévoue à la mort quiconque peut balancer son crédit ; rempli d'orgueil & d'envie, il déteste les hommes auxquels le public accorde du mérite & des talens ; rapportant tout à lui seul, s'il parle de la patrie c'est pour s'en déclarer l'unique appui ; méprisant même ses amis, il les défend ou sacrifie au gré de ses intérêts, & se regarde comme un nouveau Brutus qui immole ses enfans au salut de l'Etat. La France sera-t-elle plus long-tems sa victime ? L'admiration si bien due aux braves soldats qui la défendent sera-t-elle davantage balancée par la honte de ployer leur tête sous le joug de fer d'un scélérat ? Auraient-ils si souvent affronté le trépas pour changer seulement de tyran ? C'est pour lui-même que le peuple Français a conquis ses droits ; il ne faut pas lui laisser perdre le fruit de cinq années de courage & d'héroïsme ; il ne faut pas que l'ambition d'un homme le retienne sous un esclavage plus dur que celui dont il a su se délivrer au prix de son sang. Quand un individu exerce un empire absolu sur l'autorité légitime établie par la Nation, il n'y a plus de liberté ; la Convention représente le peuple, & tout usurpateur des droits du peuple est un coupable qui doit disparaître. Faut-il pour accroître l'horreur que vous inspire Robespierre vous retracer l'atrocité de son despotisme ? Le Tribunal révolutionnaire est peuplé de ses protégés, dont quelques-uns à peine savent lire. Le nouveau Catilina a-t-il résolu la mort d'un Citoyen ? il le désigne plusieurs jours d'avance aux Jurés, qui seraient renouvellés sur le champ s'ils n'obéissaient pas aux ordres de leur maître. Les indices manquent-ils sur un malheureux proscrit ? Fouquier-Tinville a l'impudeur de dire qu'il faut le remettre à la première conspiration qu'on supposera. Pour entretenir la guillotine les mêmes personnes servent toujours de témoins, & ne peuvent parler qu'à la charge du prévenu. Un homme qui avait déposé contre un peintre pour le faire condamner au supplice a été surpris rugissant d'amour aux pieds de la femme désolée de l'artiste qu'on allait immoler. . . . Citoyens, la liberté a été attaquée jusque dans les consciences, la justice violée, l'humanité outragée, le sang innocent versé ; & l'auteur de tant de crimes triomphe ! Il dicte des lois à la Représentation nationale !. . . . Le monstre doit dénoncer à la Convention ceux dont il a juré la perte. Il ne fera que hâter la sienne. J'attendrai son discours pour parler ; ses proscriptions ouvertement annoncées, la séance tenue hier aux Jacobins motiveront assez mon accusation, & je serai sans doute secondé par tout les patriotes qui ont en horreur la tyrannie.

F R É R O N.

Je gémis depuis long-tems, ainsi que tous les Citoyens éclairés, sur le sort de la patrie. La Convention opprimée n'attend qu'une occasion favorable pour secouer le joug qui pèse sur elle ; saisissons avec ardeur celle qui se présente. Que Couthon, Saint-Just, Lebas, Hanriot & Robespierre le jeune périssent avec le moderne Cromwel ! Associés à sa puissance, ils prendraient sa place s'ils lui survivaient. — Leur despotisme n'est pas moins odieux que le sien ; partout ils se sont rendus les organes de l'iniquité. La vengeance nationale doit aussi s'étendre sur l'infâme Fouquier-Tinville, sur le président du Tribunal révolutionnaire , créatures du monstre & complices de ses forfaits. Elle n'épargnera point ces êtres féroces qui ont inondé les Départemens de sang & de larmes ; la postérité qui frémira d'horreur en lisant l'histoire de leurs crimes, que penserait-elle de nous s'ils restaient impunis ?

M E R L I N.

Convaincu que la majorité de la Nation partage les sentimens de Fréron, j'espère tout d'elle. Oui, sa justice punira non-seulement les amis de Robespierre, mais encore tous ceux qui devenus ses adversaires par rivalité de prétentions au souverain pouvoir ont partagé ses principes, & se sont rendus coupables des mêmes cruautés. Il existe une faction criminelle qui semble n'avoir établi son triomphe que sur l'infortune d'autrui ; à ses yeux l'humanité est un crime, la fortune & les talens un titre de proscription. Détestant tout ce qui porte un caractère de grandeur & de sublimité , elle veut détruire les superbes monumens des arts, éteindre le flambeau des sciences, & ramener les siècles de barbarie par le supplice de tous ceux qui pourraient éclairer ses forfaits ; son but est de changer la France en un vaste désert, & de régner sur des monceaux de cadavres. La société des Jacobins, utile à la liberté dans son origine, est le centre de cette horde perverse depuis que Robespierre y domine & qu'il en a fait chasser les vrais patriotes ; le féroce Collot-d'Herbois, le sanguinaire Billaud, le souple & adroit Barère en sont les principaux chefs : Robespierre n'est pas plus à craindre qu'eux. Il faut que le règne des buveurs de sang passe , & que les gens de bien soient respectés. (*Avec force*) Guerre à mort aux scélérats ! appui & sûreté aux bons Citoyens !

F R É R O N.

Le mouvement sublime de Merlin sera le ralliement de quiconque aime sincérement la patrie. Enflammés du même enthousiasme , jurons ici la mort des tyrans !

Merlin, Tallien & Fréron *ensemble.*

Nous la jurons !

M E R L I N.

Ce serment était déja fait dans nos ames avant que nos lèvres l'eussent prononcé. (*avec enthousiasme*) Nous le tiendrons, Citoyens , & la France sera sauvée !

T A L L I E N.

Malgré l'indignation que m'inspirent les hommes qui viennent de nous être désignés par Merlin, je pense que le bien public nous fait en ce moment un devoir de la dissimuler. Ils peuvent nous aider à détruire Robespierre ; les dénoncer avec lui, ce serait produire un schisme dans la Convention , à l'union de laquelle est attaché le rétablissement de la liberté. Le nouveau Cromwel & ses principaux complices abattus, nous pourrons sans danger pour l'Etat solliciter la punition des terroristes qui souilleront encore son sein. … J'entrevois avec transport cette époque fortunée où la justice remplacera l'iniquité. Nous délivrerons les patriotes que des haines personnelles ont fait arrêter ; Nous rendrons les pères de famille à leurs enfans, les bons Citoyens à leur patrie. … Le passé n'est plus en notre pouvoir ; nous chercherons au moins à en détruire les sinistres impressions par notre clémence, & nous ferons chérir nos principes par notre humanité !

M E R L I N.

Oui, Citoyens, ce n'est que par une telle conduite que nous cueillerons enfin le fruit de nos victoires. Elle nous conciliera le suffrage des étrangers, imposera silence aux partisans du despotisme, & mettra fin au fléau terrible qui exerce ses ravages sur la majeure partie de l'Europe. Qu'elle sera glorieuse pour le peuple Français cette époque mémorable où tous les Rois seront forcés de reconnaître son Gouvernement, & où l'on verra le bienfaisant olivier étendre ses rameaux sur les contrées qu'afflige actuellement la guerre ! Plus glorieuse encore pour lui celle où le modérantisme effaçant la trace des maux causés par une horde de brigands, toutes les Nations s'écrieront de concert : Non, Français, les plaisirs des Cannibales ne sont point vos vertus : vos

vertus

vertus sont la générosité, le courage & l'amour de la liberté !

FRÉRON.

Le peuple n'a jamais tort; (1) ce n'est pas à lui qu'il faut imputer les excès dont il peut se rendre coupable, c'est à ceux qui le dirigent. Il ne veut que le bien général, mais s'égare quelquefois sur la route propre à l'atteindre. Que des impulsions perfides cessent de l'abuser ; qu'il n'ôte pas légérement sa confiance aux Citoyens investis par lui-même d'une autorité dont il ne saurait jouir directement. Rendu à ses travaux, il jouira paisiblement de l'aisance qui en est le fruit, & se contentera de surveiller ceux qui voudraient attenter aux droits imprescriptibles qu'il tient de la Nature.

TALLIEN.

Le moment d'agir approche ; il faut quitter ces lieux. . . . Quel spectacle majestueux & imposant va présenter la séance de la Convention! Les Citoyens qui s'attendent à de grands événemens y assisteront en foule, & ce sera sous leurs yeux, encouragés par leur présence, que nous sauverons la Patrie ! . . .

---

(1) Axiôme attribué au Cardinal de Fleury. Il existe sans doute dans le sein du peuple les Individus les plus féroces, l'histoire le prouve ; mais le peuple pris dans un sens collectif est honnête & ne désire que le plus grand bien : Il est hors de la nature que la généralité veuille se nuire à elle-même,

MERLIN.

Mourons honorablement à notre poste, s'il le faut, & prouvons à l'Univers que nous sommes dignes de représenter le peuple Français!
(*Tallien, Fréron & Merlin sortent de la scène.*)

Fin du premier Acte.

A C T E I I. (a)

(Le théâtre représente la salle où s'as-
semble la Convention Nationale, dont
la séance est supposée commencée quand
la toile se lève. Tous les Députés sont
assis ; Collot d'Herbois, Président,
occupe le fauteuil. Une foule de Ci-
toyens remplit les Tribunes & une
partie de la salle.)

MAXIMILIEN ROBESPIERRE *à la tribune.*

CITOYENS, quoique je n'aie point assisté
depuis quelque tems aux séances de cette Assemblée, ma patrie n'a jamais cessé d'être l'objet de
mes plus chères affections, & vous allez recevoir
une nouvelle preuve de la sollicitude avec laquelle
je veille constamment à ses intérêts. Je vais
vous communiquer des observations de la plus
haute importance, pour lesquelles je demande
toute votre attention : Il s'agit du salut de la
République, qui est dans le plus grand danger...
(Murmures dans une partie de l'Assemblée.) Oui,
je le répète, dans le plus grand danger : Cette

______

(1) *Cet Acte n'a qu'une Scène.*

assertion ne doit pas vous étonner. Je sais que la calomnie lance contre moi ses traits empoisonnés ; mais la vertu, la justice qui de tout tems ont distingué mon caractère me rendent inaccessible à ses atteintes. Le peuple sait ce que j'ai fait, ce que je suis encore disposé à faire pour lui, & je puis affirmer avec vérité que tous mes ennemis sont les siens. . . . . Par-tout les patriotes sont opprimés ; le systême de Dumouriez est suivi dans la Belgique, & les Puissances étrangères se retirent volontairement de notre territoire pour nous laisser détruire par nous-mêmes. Les opérations des Comités sont entiérement vicieuses ; le gouvernement a voulu désarmer les bons Citoyens & faire disparaître les monumens consacrés à l'Etre Suprême. . . . Si ma probité, ma surveillance, mes moyens peuvent sauver mon pays du péril affreux qui le menace, qu'il dispose de moi ; je n'existe que pour lui, & suis prêt à fournir les preuves de ce que j'ai avancé, si on le juge nécessaire.

B A R E R E.

L'état de la République ne ressemble assurément point à la peinture que vient d'en faire Robespierre. Son imagination ardente lui a fait voir des dangers imaginaires ; son patriotisme l'a égaré. . . . Il eut été fondé dans ses alarmes aux époques désastreuses qui ont précédé la révolution du 31 Mai ; il l'eut été lorsque le perfide Dumouriez qui vainqueur à Jemappes pour être vaincu à Nervinde n'avait voulu éloigner la maison d'Autriche que pour établir sur nos frontières un petit tyran Français, menaçait sa patrie qu'il devait défendre & commettait un attentat sacrilège contre la Représentation Nationale. Tout semblait alors annoncer la destruction de notre liberté. La marine française en méritait à peine le nom ; la Vendée accrue avec une rapidité effrayante & attaquée par des forces insuffisantes se répandait sur les bords de la Loire & les Départemens voisins ; la haine divisait la Convention ; chaque Commune alarmée pour ses subsistances arrêtait la circulation des grains & se constituait en puissance ; Toulon disposait son marché ; Marseille, Bordeaux & Lyon leur désobéissance ; les Départemens se détachaient de la Convention & méprisaient ses Loix ; Partout les Généraux nous trahissaient; partout les armées ennemies étaient triomphantes. Mais quel différent tableau s'offre actuellement à nos regards ! Tout retentit des victoires de nos courageux défenseurs; aux Alpes leur armée a pris des postes jugés ci-devant imprenables; Elle fait trembler l'Italie & ébranle le trône du Piémont. Aux Pyrénées occidentales le sol Français est entiérement évacué, & une partie du territoire Espagnol envahi par nos troupes. Le Palatinat & la Belgique conquises avec leurs riches moissons ; la West-Flandre occupée par nos braves volontaires ; la Moselle & les Ardennes se disputant la gloire de vaincre ; les plus grands Généraux de l'Europe fuyant devant les nôtres ; les Chouans frappés dans leurs repaires ; les traîtres & les contre-révolutionnaires punis de mort : les intrigues déjouées ; les factions détruites ; une Constitution populaire enfantée tout-à-coup par le génie français ; la puissance commerciale de l'Angleterre ébranlée ; Tels sont les faits, Citoyens, que j'oppose à la dénonciation de mon collègue, qui l'aurait certainement supprimée s'il eut considéré avec attention ce que la France a été, ce qu'elle est en ce moment, & sur-tout s'il eut constamment suivi les opérations du Comité qui ne lui répondra qu'en continuant à servir la patrie.

S a i n t - J u s t.

Le discours spécieux de Barère ne saurait en imposer à des personnes éclairées sur la véritable situation de la République. Citoyens, je ne suis d'aucune faction ; mon témoignage ne doit pas vous être suspect. Le patriotisme de Robespierre est connu, lui seul peut préserver la France des complots tramés au sein même de cette Assemblée par les perfides que je vais dénoncer. Oui, n'en doutez pas ; il existe une infâme conjuration....

T a l l i e n (*l'interrompant.*)

Je demande la parole pour une motion d'ordre. Saint-Just prétend qu'il n'est d'aucune faction ! C'est moi qui pourrais soutenir ce qu'il avance avec autant d'impudeur ; n'appartenant qu'à moi-

même, exclusivement dévoué au bien de ma pa‑
trie, mon devoir a toujours été l'unique bous‑
sole de ma conduite. Il est arrivé, le tems de
dire la vérité! Un seul homme exerce un des‑
potisme effrayant sur toute la République, un
seul homme veut anéantir la liberté. Aucun bon
Citoyen ne peut retenir ses larmes en voyant le
sort malheureux auquel la chose publique est
abandonnée si la Convention ne se prononce
contre le tyran.... Il faut que le voile soit en‑
tiérement déchiré! (*applaudiſſemens.*)

BILLAUD-VARENNES.

Oui, sans doute, il est arrivé le tems de dire
la vérité!... Vous frémirez d'horreur quand
vous saurez que la force armée est confiée à des
mains parricides; vous frémirez d'horreur quand
vous saurez que des gens soudoyés pour vomir
ouvertement les infamies les plus atroces contre
la Représentation nationale ont manifesté hier
aux Jacobins l'intention d'en égorger plusieurs
Membres.... Je vois un de ces scélérats sur la
Montagne... Le voilà!...

PLUSIEURS VOIX *s'écrient.*

Arrêtez! arrêtez! (*l'Individu est saisi & en‑
traîné hors de la salle au milieu des plus vifs
applaudissemens.*)

MERLIN DE THIONVILLE.

Que je sois la première victime du tyran
plutôt que d'autoriser ses forfaits par
mon silence! Ci

toyens, c'est Robespierre qui a mis en avant les assassins que Billaud vient de vous dénoncer. Il est infâme de vanter sa vertu , quand on médite les plus grands crimes... L'Assemblée périra si elle est faible....

Tous les Députés *simultanément.*

Non ! non ! (*Les Citoyens des Tribunes applaudissent , & s'écrient :* Vive la Convention !)

Maximilien Robespierre.

Je demande à me justifier des calomnies atroces.....

Les Députés.

Non ! non !

Lebas.

La parole !... Citoyens !... La parole !

Fréron.

C'est le complice du tyran ; ne perdons pas notre tems à l'écouter.

Lebas.

J'insiste pour la parole !

(*Trouble et agitation dans l'Assemblée. Lebas parle dans le bruit et fait des gestes menaçans.*)

Le Président.

rappelle Lebas à l'ordre.

Quelques Députés. Qu'il d'agiter cette Assemblée, ou à l'Ab-=baye !

BILLAUD-VARENNES.

Quelques éclaircissemens vous donneront une idée de la valeur des inculpations de Robespierre. Il accuse le gouvernement d'avoir voulu faire disparaître les monumens consacrés à l'Etre Suprême, & c'est Couthon son vil satellite qui en avait donné l'ordre. Il se plaint de l'oppression des patriotes, & a fait arrêter le meilleur Comité révolutionnaire de Paris.... La résistance qu'on lui opposa au Comité lorsqu'il voulut seul y dicter le décret du 22 Prairial est, n'en doutez pas, la seule cause de sa dénonciation... Sachez, Citoyens, que le Président du Tribunal Révolutionnaire a proposé aux Jacobins de chasser de la Convention tous ceux dont on a juré la perte ; mais le peuple est là, & les patriotes sauront mourir pour sauver la liberté.

LES CITOYENS DES TRIBUNES *simultanément.*

Oui, oui !

BILLAUD-VARENNES.

Nous mourrons tous avec honneur ; est-il dans cette enceinte un seul Représentant qui voulût exister sous un tyran ?

DES VOIX *s'écrient de toutes parts.*

Non, non, périssent les tyrans ! (*applaudissemens prolongés.*)

BILLAUD-VARENNES *avec force.*

Ou faire justice d'eux, ou combler de nos cadavres l'abîme creusé sous nos pas : Citoyens ; choisissez.

Maximilien Robespierre *s'élance à la Tribune.*

PLUSIEURS VOIX.

A bas, à bas le tyran !

TALLIEN.

Je vois avec plaisir qu'il est connu : Bientôt il sera anéanti. Instruit que ce despote sanguinaire avait fait une liste de proscriptions, je m'étais armé de ce fer (1) pour lui percer le sein si personne ne m'eût secondé, & m'exposais avec transport au trépas dans l'idée que mes cendres seraient un jour relevées avec les honneurs dûs à un martyr de la liberté. (*Vifs applaudissemens*) Dénonçons l'ennemi de la Représentation nationale avec loyauté en présence du peuple Français que nous devons éclairer. Les bons Citoyens ne sont pas plus attachés à Robespierre qu'à aucun autre Individu ; la patrie est le seul objet de leurs affections, & malgré les discours des satellites du monstre il n'y aura ni 31 Mai ni proscriptions ; la justice seule frappera les scélérats. (*Vifs applaudissemens*) Que les écrivains patriotes que tous les vieux amis de la liberté se réveillent & concourent avec nous pour la sauver. Que l'innocence ne soit plus opprimée ; que le Président du Tribunal révolutionnaire traite les accusés avec décence & justice ; Voilà la véri-

---

(1) *Il tire un poignard.*

table probité !... L'homme qui est à la tribune est un nouveau Catilina ; ceux dont il s'est entouré, de nouveaux Verrès. Il voulait tour-à-tour nous attaquer, nous isoler, & serait enfin resté seul avec les hommes méprisables qui le servent. Je demande que la Convention soit permanente jusqu'à-ce que le glaive de la Loi ait satisfait à la vengeance nationale ; Je demande l'arrestation d'Hanriot & de son Etat Major : Il est de la dernière importance que les Chefs de la Force armée ne puissent pas nuire.

(*a*) TOUS LES DÉPUTÉS DE LA CONVENTION.
Appuyé ! appuyé !

MAXIMILIEN ROBESPIERRE.
J'insiste pour la parole.

TOUS LES DÉPUTÉS DE LA CONVENTION.
A bas le tyran !

MAXIMILIEN ROBESPIERRE *avec plus de force.*
La parole ! la parole !

TOUS LES DÉPUTÉS.
Non : à bas le tyran !

TALLIEN.
Citoyens, c'est sur la séance tenue hier aux Jacobins & sur la dénonciation faite aujourd'hui par Robespierre qu'il est important de fixer toute

---

(1) Il est à observer que ce mot *tous* emporte constamment dans cette Scène la restriction des complices de Robespierre, qui ont paru au premier Acte.

votre attention ; c'est ainsi qu'il ne vous restera aucun doute sur le compte de cet homme dont la vertu & le patriotisme étaient tant vantés, mais qu'on avait vu à l'époque du 10 Août ne paraître que trois jours après la Révolution ; de cet homme qui devant être dans le Comité de Salut public l'a abandonné depuis quatre décades, lorsque l'armée du Nord nous donnait à tous de vives sollicitudes...

MERLIN DE THIONVILLE *l'interrompant.*

J'observe à l'Assemblée qu'il est urgent de faire juger le monstre qui souille encore son sein ; je demande son arrestation.

L E P R É S I D E N T.

Je vais la mettre aux voix.

(*Les clameurs de Robespierre et de ses complices troublent pendant quelques momens l'Assemblée.)*

R O B E S P I E R R E *le jeune.*

Aussi coupable que mon frère puisque je partage ses vertus, elle doit s'étendre sur moi.

M A X I M I L I E N R O B E S P I E R R E.

Scélérat qui présides cette Assemblée, & vous traîtres qui vous unissez pour me perdre, espérez-vous que le peuple....

(*De violens murmures l'empêchent de continuer.*)

M E R L I N D E T H I O N V I L L E.

Aux voix l'arrestation !

LE PRÉSIDENT.

Que ceux qui l'approuvent lèvent la main !
(*Tous les Députés lèvent la main*).

LE PRÉSIDENT.

Elle est décrétée.

TOUS LES DÉPUTÉS *se lèvent en s'écriant.*

Vive la liberté ! Vive la Nation !

FRÉRON.

Vous avez décrété l'arrestation du chef ;
décrétez aussi celle des satellites. Couthon est
un tigre altéré du sang de la Convention, dont
il a osé dévouer publiquement six membres à
la mort ; Robespierre le jeune a sonné le tocsin
contre les vertueux adversaires du tyran : je
demande que le décret qui a frappé le moderne
Catilina s'étende sur Saint-Just, Lebas & les
deux scélérats que j'ai dénoncés.

TOUS LES DÉPUTÉS.

Appuyé ! appuyé !

FRÉRON.

Citoyens collègues, par les mesures vigou-
reuses que vous venez de prendre vous avez
sauvé la patrie, qui déchirée & prête à périr
n'a pas imploré en vain votre secours. Un
triumvirat allait s'établir dans son sein, en y
renouvellant les proscriptions d'Antoine & d'Oc-
tave : ce n'était plus d'amis ou d'ennemis du
peuple qu'il s'agissait, mais de ceux qui ne voulaient pas obéir à tel ou tel individu. Les mons-

tres se baignaient en espérance dans notre sang ; sur leurs front coupables était empreint le triomphe du crime : mais la journée sera sinistre pour eux. (*Vifs applaudissemens*). Il fallait sans doute une révolution, mais une révolution dirigée contre les triumvirs, & c'est vous qui l'avez faite !

LE PRÉSIDENT.

Elle fera époque dans l'histoire, cette révolution qui nous a délivrés du joug de la tyrannie !. .. Citoyens, je suspends la séance ; bientôt nous reviendrons ici pour achever le glorieux ouvrage que nous avons commencé. Déjà les conspirateurs dévoilés sont dans l'impuissance de nuire à la liberté ; ils ne tarderont pas à subir le châtiment exemplaire que méritent leurs forfaits. (*La toile se baisse pendant que les Députés & les Citoyens des tribunes sortent de la scène)*.

Fin du second Acte.

A C T E I I I.

Le théâtre représente le même lieu que dans l'acte précédent ; les Députés de la Convention & des Citoyens en grand nombre occupent la Scène Lorsque la toile baissée pendant l'entr'acte se lève , la Séance est cesnée avoir commencé. Il est nuit.

S C E N E P R E M I E R E.

U N D É P U T É.

ON dit que la Commune s'est liguée avec les Jacobins pour opérer une insurrection. Il importe d'approfondir la vérité , & de prendre les mesures nécessaires au salut de la patrie.

U N A U T R E D É P U T É.

Le fait que je vais rapporter est bien propre à accréditer un semblable bruit. Invité par le Président des Jacobins à rendre compte de notre dernière séance : " *Les deux Robespierre , (ai-je " dit) Couthon , Saint-Juft & Lebas font décré- " tés d'arreftation , pour laquelle j'ai voté ".* Des huées ont suivi ees paroles , & la Société m'a rejeté de son sein.

SCENE II.

BARERE *entre fur le théâtre.*

BARERE.

CITOYENS, un horrible complot a été tramé sous le manteau du patriotisme par des usurpateurs de l'opinion publique. Hanriot s'efforce de persuader aux Citoyens qu'on veut assassiner Robespierre ; il fait distribuer des cartouches contre les membres de la Convention, & sonner le tocsin dans les Sections voisines de la Commune qui vient de fermer les barrières & de convoquer les Assemblées du peuple pour délibérer sur les dangers de la patrie.

SCENE III.

MERLIN DE THIONVILLE *entre fur le théâtre.*

MERLIN.

CITOYENS, sortant de ma maison pour me rendre à mon poste, Hanriot s'est présenté à moi à la tête d'une troupe de forcenés qui m'ont couvert de leurs sabres : " *Frappez*, (leur ai-je " dit en présentant ma poitrine) *je fuis fans* " *armes ; un affaffinat eft bien digne de vous* ".

Conduit

Conduit au Corps-de-garde du poste du palais
de l'Egalité, j'y ai repris le caractère de Représentant du peuple & harangué les Citoyens armés
qui m'ont mis sur le champ en liberté... Cinq
gendarmes partis pour exécuter votre décret
ont fondu le pistolet au poing sur Hanriot qui
poursuivant avec ses satellites le cours de sa
marche furieuse portait le trouble & la terreur
dans les quartiers de Paris où la vérité n'avait
point pénétré ; le traître est fait prisonnier avec
sa suite. (*Vifs applaudiſſemens*).

S C E N E   I V.

BILLAUD-VARENNES *entre ſur le théâtre.*

BILLAUD-VARENNES.

Citoyens, les Comités ont déployé la plus
grande énergie contre la rebellion qui vient d'écla-
ter. Séjas cherche en ce moment aux Jacobins
à soulever le peuple ; mais le peuple est tran-
quille, & veut la liberté. Une compagnie de
canonniers, égarée par Hanriot, avait voulu
diriger ses canons contre la Convention ; (*mouvement d'indignation*). La force armée s'y est
opposée.

D

S C E N E V.

FRÉRON *arrivant avec précipitation.*

F R É R O N.

Cᵢᴛᴏʏᴇɴꜱ, Hanriot vient de s'échapper : on l'emmene en triomphe. (*L'Assemblée frémit d'horreur*) Robespierre conduit au Luxembourg contre le vœu du Comité de Sûrté générale a été refusé par le Chef de police de cette maison qui l'a envoyé sous escorte à la Commune ; les Officiers municipaux lui ont donné asyle, & promis leur protection. Une commission nommée par eux, de concert avec les triumvirs, jugera à mort ceux qui leur refuseront obéissance ; la Municipalité a requis les canons & la force armée pour marcher avec elle contre la Convention, & Hanriot, délivré de ses gardiens, s'écrie dans tout Paris : « *Aux armes !* » *réunion à la Commune* » !

M ᴇ ʀ ʟ ɪ ɴ ᴅ ᴇ T ʜ ɪ ᴏ ɴ ᴠ ɪ ʟ ʟ ᴇ.

Il faut que les hommes vertueux se poignardent, ou conduisent les scélérats à l'échafaud. Que les Députés traîtres à la patrie, le Chef de la force armée & les Officiers municipaux soient mis hors de la loi !

T ᴏ ᴜ ꜱ ʟ ᴇ ꜱ D ᴇ́ ᴘ ᴜ ᴛ ᴇ́ ꜱ.

Appuyé ! Appuyé !

SCENE VI.

BARERE *entre sur le théâtre avec* BARRAS.

BARERE.

CITOYENS, je viens de la part des Comités vous proposer de mettre Barras (1) à la tête de la force publique, & de conférer à ceux de vos collègues qu'il voudrait s'adjoindre les pouvoirs attribués aux Représentans du peuple qui accompagnent les armées.

LES DÉPUTÉS.

Appuyé !

(*Barras & ses adjoints auxquels il fait signe de le suivre sortent*).

SCENE VII.

UN DÉPUTÉ *entre sur le théâtre.*

UN DÉPUTÉ.

J'ARRIVE de la place, où Hanriot cherchait à égarer tous les Citoyens, & principalement les canonniers. " *Braves compatriotes,* (me suis-je » écrié) *déshonorerez-vous votre pays, dont vous* » *avez toujours si bien mérité* » ? à ces mots,

____

(1) Il désigne Barras en le nommant.

les canonniers se tournant de mon côté m'ont protégé contre un Aide-de-camp d'Hanriot qui me menaçait de son sabre. Eclairons le peuple, & la patrie est sauvée.

Un autre Député.

Les Sections s'assemblent ; c'est à elles que nous devons nous adresser. Invitons nos compatriotes à se rallier autour de la Convention ; faisons-leur sentir que tout est perdu s'ils mettent quelques hommes en balance avec la chose publique, & que la liberté n'est rien partout où le militaire commande au civil. Je demande que le Comité de Salut public soit chargé de rédiger une proclamation pour éclairer les Citoyens.

Les Députés.

Appuyé !

SCENE VIII.

UN GENDARME DE LA CONVENTION
paraît à la barre.

Le Gendarme.

Citoyens Législateurs, je viens vous exprimer les sentimens des gendarmes de la Convention, qui ne se présentent pas à la barre parce qu'ils croyent être plus utiles à leur poste.... Ils ont laissé dans la Vendée la moitié de leurs corps : Ils les laisseront ici tout entiers s'il est nécessaire pour la défense de cette auguste Assemblée. (*Vifs applaudiffemens*).

SCENE IX.

UN DÉPUTÉ *entre avec précipitation.*

Le Député.

CITOYENS, c'est à présent que le courage nous est nécessaire. Des hommes armés viennent d'investir le Comité de Sûreté générale.

TALLIEN *avec noblesse & fermeté* (1).

Hé bien, nous attendrons nos assassins au poste qui nous a été confié par le peuple, & si cet instant doit être le tombeau de la liberté nous périrons avec elle!

TOUS LES DÉPUTÉS *se lèvent spontanément, & s'écrient.*

Vive la liberté!

SCENE X.

UNE DÉPUTATION DE LA SECTION DE MUCIUS-SCÉVOLA *paraît à la barre.*

L'Orateur de la députation.

CITOYENS Représentans, vous voyez devant vous une députation de la Section de Mucius-Scévola, qui digne du héros dont elle porte le

____

(1) Il occupe le fauteuil pendant le troisième acte.

D 3

nom, jure de périr s'il le faut pour la patrie!
Le Conseil de la Commune a fait inviter les
Autorités Constituées à venir prêter serment dans
son sein; (*murmures d'indignation*) Mais que
sa rebellion ne vous alarme point; les Sections
ne reconnaissent que les ordres qui émanent
de la Convention. Les Parisiens, fidèles à leurs
sermens, se montreront dignes de vous possé-
der dans leurs murs; ils vous feront un rem-
part de leurs corps contre les poignards de vos
ennemis. (*Applaudissement*).

T A L L I E N *à la députation.*
La Convention vous témoigne sa satisfaction
des vertus que vous faites paraître. Allez vous
réunir à vos compatriotes pour sauver l'Etat,
& terrasser les conspirateurs. Ils sont hors de la
loi; c'est à la Nation à en faire justice. (*La
députation fort*).

S C E N E   X I.

BARRAS *entre avec ses adjoints.*

B A R R A S.

Citoyens, Paris jadis le berceau de la révolution en est aujourd'hui le plus ferme appui.
Vainement Hanriot & les perfides agens du
tyran ont ils voulu en séduire les habitans, qui
s'armant pour vous dans leurs Sections respec-
tives ont arrêté les scélérats qui venaient de

la part de la Municipalité les inviter à la rebellion. Les dispositions militaires viennent d'être
exécutées, & le Comité de Sûreté gé é ale est
délivré des brigands qui avaient osé violer son
enceinte.

F R É R O N.

L'énergie de l'Assemblée a fait la plus vive
impression sur le peuple. Jamais elle ne s'est
montrée si digne de le représenter qu'au moment
où dénuée de forces contre les conjurés elle a
imité les Sénateurs Romains qui attendirent l'ennemi sur leurs chaises currules. Nous avons
envoyé sur la place de la Maison commune cinq
canonniers pour éclairer leurs camarades, qui
instruits du décret par lequel Hanriot est mis
hors de la loi n'attendent que les Représentans
du peuple pour diriger leurs canons contre les
rebelles. Nous allons au nom de la Convention sommer les Citoyens égarés qui peuvent se
trouver dans la Maison commune de nous livrer
ces traîtres ; s'ils refusent, nous réduirons en
poudre cet asyle de la rebellion.

T O U S   L E S   D É P U T É S.

Oui ! oui !

T A L L I E N.

J'invite mes collègues à partir sur le champ;
la lumière du jour que souillerait l'aspect impur
des conspirateurs ne doit plus les éclairer. (*Barras*
& ses adjoints sortent).

D 4

SCENE XII.

UN DÉPUTÉ *entre*, BILLAUD - VARENNES
le suit un instant après.

Un Député.

LES jeunes élèves de l'école de Mars aussitôt
qu'ils ont appris la conjuration, se sont écriés:
« *Périssent les traîtres! Vive la liberté!* » On
a eu la plus grande peine à retenir leur ardeur;
ils voulaient tous venir à la Convention pour
frapper les scélérats qui oseraient diriger contre
elle leur mains parricides. (*Vifs applaudissemens*).
» *Nous n'avons pas besoin de poudre*, disaient-
» ils, *il ne nous faut que des bayonnettes* ». (*Les
applaudissemens recommencent*).

Billaud-Varennes.

Quoique nous puissions compter sur la majorité des Citoyens, il serait dangereux de nous
livrer à une trop grande sécurité. On organise
la contre-révolution à la Commune, & déjà plusieurs pièces de canon sont préparées pour
l'opérer.

Un Député.

Les canonniers ne sont pas pour la Municipalité, mais pour la Représentation du peuple.

Billaud-Varennes.

Je suis persuadé qu'on éclairera quiconque
peut être encore dans l'erreur; mais il faut agir

quand on est sur un volcan. Robespierre vient de dire qu'il allait marcher sur la Convention ; c'est à nous à le dévancer. Nous dormirons quand les traîtres seront anéantis.

TALLIEN.

J'invite les Députés à rester à leur poste , & les Citoyens à courir aux armes. (*Tous les Citoyens qui font dans une partie de la Salle & dans les Tribunes fortent ; il n'y refte que des femmes*).

SCENE XIII.

BARERE *entre fur le théâtre ; il eft fuivi immédiatement de Citoyens armés.*

BARERE.

Citoyens, la Section d'Hanriot qu'il avait voulu corrompre est ici armée pour vous défendre.

L'ORATEUR DES CITOYENS ARMÉS.

Nous venons jurer devant vous , augustes Représentans , guerre à mort aux tyrans & aux Catilinas ; s'ils osaient vous attaquer , nous péririons tous avant que leurs bras sacrilèges pussent arriver jusqu'à vous !

SCENE XIV.

FRÉRON *entre sur le théâtre.*

FRÉRON.

LES traîtres sont en notre pouvoir, & la Maison commune est réduite. (*Vifs applaudissemens*). Six mille Citoyens s'étant mis en marche pour en faire le siège, toutes les issues en sont bientôt occupées ; le cri de *vive la Convention* se fait entendre unanimément ; il retentit dans toutes les salles de la maison & avertit les perfides qu'ils sont seuls avec leurs crimes. Les Représentans du peuple montent à la tête de cinquante fusilliers : Robespierre l'aîné se donne un coup de pistolet dans la bouche ; il tombe baigné dans son sang ; un Citoyen l'approche & lui dit froidement : " *Il existe un* " *Etre Suprême* " .... Lebas s'est tué ; Couthon a voulu s'ôter la vie, mais aucun des coups qu'il s'est portés n'est mortel ; Hanriot & Robespierre le jeune se sont précipités par une fenêtre ; Saint-Just, Dumas & une vingtaine de conspirateurs, renfermés dans une chambre bien gardée seront amenés ici.... Des traits multipliés d'héroïsme distingueront à jamais cette nuit célèbre à laquelle la France devra son salut. Un individu s'approchant de Merlin de Thionville qui marchait contre la Commune à la tête de Citoyens armés lui conseille de faire retirer les flambeaux qui l'entourent & peuvent diriger sur lui les coups des conjurés : « *Je te* » *remercie de ton avis,* (lui répond Merlin) *mais* » *je ne crains pas la mort ; je marche pour* » *sauver la patrie* ». (*Vifs applaudissemens*).

SCENE XV.

UN MEMBRE DE LA SECTION DE LA MONTAGNE *paraît à la barre.*

LE MEMBRE DE LA SECTION DE LA MONTAGNE.

CITOYENS Représentans, les deux Robespierre, qui vivent encore, vont paraître à votre barre avec les autres prisonniers.

TALLIEN *à l'Assemblée.*

Voulez-vous qu'ils entrent ?

LES DÉPUTÉS.

Non ! non !

FRÉRON.

Que l'échafaud soit dressé sur le champ ; qu'avec la tête de ses satellites tombe celle de cet infâme tyran, qui en affichant la vertu & la religion ne croyait en effet qu'à la force du crime.

LES DÉPUTÉS.

Appuyé !

TALLIEN.

Les ordres de l'Assemblée vont être mis en exécution,

SCENE XVI.

UNE DÉPUTATION DU DÉPARTEMENT DE PARIS *se présente à la barre.*

L'ORATEUR DE LA DÉPUTATION.

VOUS voyez à votre barre, Citoyens Législateurs, une députation du Département de Paris qui vient vous féliciter par ma voix de l'énergie que vous avez déployée, pour sauver la patrie. Le perfide & cruel triumvirat est tombé au moment où il croyait tenir l'autorité souveraine.... Ah, sans doute un Etre Suprême punit le crime & récompense la vertu ! Graces te soient rendues, ô Dieu qui veilles sur les destinées de la France ! Et vous, dignes Représentans du premier peuple de l'Univers, malgré les peines & les dangers inséparables de vos travaux, que l'amour de votre pays vous retienne au poste où la confiance vous a placés ! Persévérez dans votre tâche glorieuse ; continuez de frapper tous les scélérats, & de mériter la reconnaissance de vos Concitoyens par votre dévouement au bonheur de la patrie !

TALLIEN.

Citoyens, la Convention entend avec plaisir l'expression des sentimens qui animent les braves Parisiens. Ne cessez point d'en imposer aux ennemis du peuple par une attitude ferme & cou-

rageuse ; Nous ne cesserons de les démasquer &
de les punir. Consacrons la liberté que nous
venons de recouvrer par un digne usage : Haine
aux fripons, aux scélérats, aux satellites du tyran ; mais amitié, fraternité pour les bons Citoyens !... La Révolution qui vient de s'opérer
en donnant une nouvelle force à la Représentation nationale est l'arrêt de mort de tous les ambitieux ; elle a éclairé le peuple sur les droits
de l'égalité. Moins il se passionnera pour les
Individus, plus il sera constant dans l'amour de
la patrie. L'influence excessive d'un seul homme
est le fléau le plus dangereux d'un Etat libre.

MERLIN DE THIONVILLE.

Un signe de justice donné par les Représentans
du peuple est la récompense du bon Citoyen ;
Décrétez que les Sections de Paris n'ont jamais
cessé de bien mériter de la patrie !

TOUS LES DÉPUTÉS.

Appuyé ! appuyé !

SCENE XVII.

CHARLOTTE NEUILLY *paraît à la barre avec
un enfant dans ses bras.*

CHARLOTTE NEUILLY.

CITOYENS Législateurs, je viens implorer
votre justice. Je sais combien vos momens sont
précieux ; mais pourriez - vous regarder comme

perdu un tems employé à sauver l'innocence ?
Daignez lire la pétition que je vous adresse.
Elle remet sa pétition à un Secrétaire de la
Convention.)

Le Secrétaire *lit la pétition.*

A la Convention Nationale... Citoyens Représen-
tans ,, la Citoyenne Charlotte Neuilly vous expose que
,, son mari François Neuilly , concierge de la maison
,, de détention de Pontoise , traduit au Tribunal cri-
,, minel du Département de Seine et Oise comme pré-
,, venu d'avoir contribué à l'évasion d'un prisonnier , a
,, été condamné par ses Juges à la peine de mort , et
,, s'adresse à vous pour demander la révision du juge-
,, ment. "

Charlotte Neuilly *avec force.*

Vous ne souffrirez pas , Citoyens, que des
sentences injustes soyent exécutées ! ... Cependant
Neuilly peut être conduit à l'échafaut d'un moment à l'autre... Si vous saviez à quel prix le
scélérat Robespierre avait mis sa grace ! J'ai juré
de ne pas révéler cet affreux mystère, & je tien-
drai mon serment... Mon mari est un honnête
homme, un bon patriote ; il est le soutien de
sa femme & de ses enfans en bas âge, qui sans
lui ne sauraient subsister. Voyez cet enfant tendre
vers vous ses mains innocentes, & vous demander
la vie de son père !

Un Député.

La révision du Jugement !

Les autres Députés.

Appuyé !

TALLIEN.

Citoyenne, les Jugemens les plus iniques ont été rendus pendant le régime despotique du tyran, qui avait placé dans les Tribunaux une multitude de scélérats semblables à lui. La présomption la plus forte parle en faveur de ton mari, & s'il est innocent tu n'as plus à craindre pour ses jours : l'humanité & la justice vont succéder au règne affreux de la terreur & de l'iniquité.

CHARLOTTE NEUILLY *avec transport.*

L'équité dictera le jugement de Neuilly ; il n'en faut pas davantage pour m'assurer de sa vie !... Citoyens Représentans, comment vous exprimer ma reconnoissance ?... des larmes d'attendrissement me coupent la parole.... J'apprendrai à mes enfans à aimer leur patrie, à lui tout sacrifier ; son nom est le premier qu'ils prononceront... Ils ne vivront, n'existeront que pour elle ; c'est le seul moyen qui me reste pour m'acquitter envers vous !   (*Elle sort.*)

SCENE XVIII & *dernière.*

BARRAS *entre sur le théâtre.*

BARRAS.

CITOYENS, les têtes des conjurés viennent de tomber sous le glaive vengeur de la loi au milieu des acclamations d'une foule immense. (*Vifs applaudiſſemens*). Le lever du soleil éclaire la joie pure qui brille sur le front de tous les bons patriotes, dont le rassemblement ne présente plus que l'image d'un grand peuple réuni pour célébrer la destruction de la tyrannie. Le meilleur esprit règne partout; la liberté est le mot d'ordre, & la Convention le point de ralliement.

T A L L I E N.

Allons nous joindre à nos Concitoyens, & partager l'allégresse publique; le jour de la mort d'un tyran est la fête de la fraternité! (*La ſéance ſe lève au milieu des applaudiſſemens & des cris de joie, & la toile tombe*).

Fin du troisième & dernier Acte,